CROSSROADS

CHIMENKWAZE

Poems

Powèm

Jean Dany Joachim

CROSSROADS

CHIMENKWAZE

CONTENTS / KONTNI

CROSSROADS

CHIMENKWAZE

CROSSROADS

CHIMENKWAZE

CROSSROADS

CHIMENKWAZE

CROSSROADS

CHIMENKWAZE

INTRODUCTION

Dear Readers,
I humbly present to you CROSSROADS/CHIMENKWAZE
that is the meeting point of writing in my native Haitian
Creole and English my language of adoption. These
poems now in your hands, I crafted them with passion. I
hope that you enjoy them, and I hope that one day Dany-
son will be able to read them too. Rather than a compila-
tion of translated poetry from one language to the other,
this is the crossover of one culture to another with the
uniqueness in writing that each one brings to the process.
It's giving birth to writing through writing. Life is Good!

Jean Dany Joachim

ENTRODIKSYON

Zanmi Lektè,
Avèk onè respè m ap pezante nou CROSSROADS/CHIMENK-
WAZE ki se kafou randevou kote eksperyans ekri m nan
lang kreyòl mwen an bay lanmen ak lang anglè a. Powèm
sa yo ki nan men w jodi a, mwen ekri yo ak anpil pasyon.
M swete w apresye yo, enpi m swete yon jou Danyson ap
ka li yo tou. Se pa jis yon konpilasyon powèm ki tradui de
yon lang nan yon lòt, men se sitou yon kwazeleyuit antre
de kilti kote chak pote espesyalite pa li nan eksperyans
lekriti a. Se konmkwa w ap bay lekriti lavi nan lekriti. Lavi
a bèl !

Jean Dany Joachim

TIMOUN YO
(Pou Noranny, Ramond, Karalyze, Manny, Danyson, & Karlos)

M pral fè yon lame timoun
Yo fè pil nan tèt mwen
M pral ekri yo
Grenn pa grenn
Yo se pwezi
Yo se mo
Yo se istwa
Siman yo liv tou
Ak pyès teyat
M pral ekri yo ak lank nwa
M ap ekri yo ak kreyon
Plim wouj, plim jòn, plim ble, plim mòv

M ap kòmanse yo toupatou
Nan kizin, sou balkon
Nan chanm, nan tren, nan avyon
M ap kòmanse yo nan kamyonèt
Nan foul moun, nan rak bwa

Enpi timoun mwen yo pral
Komik, y ap serye, y ap tris, y ap bay plezi
M ap mete yo sou papye, sou kat postal
Sou lèt damou, sou entènèt ak tout miray
Lò m fini m ap lage yo libelibè
Sèl mèt tèt yo.

THE CHILDREN
(For Noranny, Ramond, Karalyze, Manny, Danyson, & Karlos)

I will have many children
They are in my head
I'll write them
One after another
They are poetry
They are words
They are stories
Maybe novels too
And plays
I'll write them with black pens
I'll write them with pencils
Red pens, yellow, blue, purple pens

I'll start them everywhere
In the kitchen, in the balcony
The bedroom, the train, in the plane
I'll start them on the bus
In the crowd, in the woods

And my children will be
Funny, serious, sad, exciting
I will print them on paper, on cards
Love letters, e-mails, and walls
Then I will set them free.

KAT CHÈZ

Anba yon bout galeri
Kat chèz chita y ap tann

Kat chèz tou pare
Yo chita san pale
Kat chèz lespwa
K ap tann bouda

Kat chèz kòtakòt
Ki konn kèkfwa fasafas
Kat chèz pote chay
Chay fatig pyepoudre
Kat chèz tretman

Kat chèz k ap gade
Lavi k ap file
Kat chèz silans
Kat chèz k ap tann
Pou pann lapawòl

Anba yon bout galeri
Kat chèz yo chita, y ap tann.

FOUR CHAIRS

Four chairs sit
On a porch, they're waiting

Four chairs all dressed up
Sitting without a word
Four chairs of hope
Waiting to be useful

Four chairs next to each other
Which are sometimes face to face
Four chairs of labor
Relieving the human tiredness
Four chairs of treatment

Four chairs observing
Life which unravels
Four chairs of silence
Four chairs in wait
To hang the words.

On the porch
The four chairs sit, they're waiting.

CHEMIZ BLANCH LAN
(Pou Jose)

Se mwenmenm
Se mwen k chemiz blanch powèt la
Siman, m dwe pèdi kèk bouton
Kole mwen byen tire nan viwonn kou a
De manch long mwen yo
Byen kouvri bra atis la

Se mwen chemiz blanch sa a
Li chwazi toutan
Se pa chemiz ble misye mete pou l al travay la
Ni chemiz wouj pou jou manifestasyon yo

Li file m sou li
Enpi l pati avè m
Nan tout okazyon espesyal
Kèlkeswa sezon an

M se chemiz powèt la pi renmen an
M se chemiz blanch lan
M dyayi dyandyan nan mitan lafoul
Pou klere je powèt la
Enpitou m ranmase tout kras.

THE WHITE SHIRT
(For Jose)

It's me
I am the poet's white shirt
I have perhaps lost buttons
My collar stretches around the neck
My long sleeves cover
The artist's arms

It's me the white one
He chooses always
Not the blue he wears to work
Not the red for protest days

He puts me on
And takes me along
On special occasions
No matter the season

I am the poet's favorite
I am the white shirt
I shine in the crowd
To light his eyes
And I take the stains.

LEKTI PIBLIK

Powèt la antre nan sal la,
Foul la kanpe sou de pye
Pou bat bravo.
Manmzèl mache dwat sou podyòm nan,
Tankou yon chanpyon k ap monte sou ring.
Pandan aplodisman an ap monte kou loray,
Powèt la salye kat kwen.
Bravo a mouri ti tak pa ti tak.
Powèt la ouvè liv li,
Pandan l ap gade piblik la drèt nan je.
Manmzèl fèmen de je l,
Enpi l kòmanse lekti a.
Li li nan vwa pa yo;
Manmzèl di kijan li rele;
Li li non yo;
Li li makòn lapenn yo;
Li li peyi yo a;
Li li chay gaspiyaj yo a;
Li li lagè yo a;
Li li frajilite yo;
Lèfini li rakonte yo pwòp istwa yo.
Powèt la te anvi rakonte istwa pa l:
Lè mari l te pati,
Non pitit fi l la,
Peyi l la, li te kite dèyè,
Lavi lòtbò lizyè
Nèg sa a li tèlman renmen,
Jouk nèg la sispann renmen l.
Vwa powèt la te byen kalm.
Yon lòt fwa ankò li di non li,
Enpitou li ouvè je l
Tout moun te gen tan disparèt.

PUBLIC READING

The poet entered the hall,
The crowd rose to its feet
And applauded.
Like a champion going to the ring
She walked straight to the podium.
As the applause grew louder
The poet took a bow
The clapping died slowly.
She opened her book
While looking at the gaze of the crowd.
The poet then closed her eyes
And began to read.
She read through their voices;
She said her name;
She read their names;
She read their pains;
She read their country;
She read their abundance;
She read their war;
She read their nakedness;
Then she told their story.
She wanted to tell her own:
Her husband who left,
Her daughter's name,
The country she left behind,
Life in the North,
The man she loved so much,
Until he stopped loving her.
The poet spoke calmly then
Again she said her name,
And opened her eyes.
Everyone was long gone.

Jean Dany Joachim

VYE CHAPO
(Pou Manuel)

M se chapo sa a pèsonn pa met ankò
Nimewo laj mwen deja
Fin anfouraye
Nan makòn pli ki sou kò m
Anba krabinay solèy ak lapli

M bay lonbray mwen san kondisyon
Ti tou nan kò m sèvi paswa
Pou kasmann kè ak lapriyè
Anvan yo fè wout lesyèl
M salye chèf siprèm, m salye domestik

M se yon chapo sèvis
Se nan swè konbit travay di
M rive konn gou sèl
Jouk jounen jodi m gen nan venn mwen
Refren mizik lò sa te bon

M wè anpil rèv lè yo t ap fèt
M wè anpil wout
Anpil katedral
M se lonbray pèsonn pa bezen ankò a
Mwenmenm, pèsonn pa pran m pou soti ankò...

Yo rele m vye chapo.

THE OLD HAT
(For Manuel)

I am the one they wear no more
The digits of my age
Are forever lost
In the wrinkling of my skin
Under the wear of the sun and rain

I gave my shadow without regard
And my pores have long filtered
Anxieties and prayers
Before their flight to heaven
I greeted lords and servants

I am the hat of service
I have learned the taste of salt
In the sweat of the seasons of hard work
I still have in my veins
The choruses of joyful days

I have seen the birth of dreams
I have seen a thousand paths
And seen cathedrals
I am the shadow they seek no more
I'm the one they take no more out...

They call me the old hat.

TI WÒCH
(Pou Patrick)

Yo rele m ti wòch.
Ti grenn tou piti,
Nan mitan sab.
Moun pase,
Moun pa wè m.
Yo pile pye m,
Yo pa gad dèyè.
Se nan mitan diri,
M pran sant grès.

Si m te pikan kwenna
Ala tetanòs m ta bay.

LITTLE PEBBLE
(For Patrick)

They call me little pebble
Small little thing
Lost into sand
People walk by
People don't notice me
They step on me
Without looking back
It's only in the company of rice
That I get the taste of oil

I would get even,
If I were a thorn.

RESÈT POU EKRI YON POWÈM

Si w pa ka rive ekri yon powèm
Ekri kanmenm
Pa okipe w de plim nan
Ekri tit powèm nan
Li tit la
Pa okipe w de paj la

Efase tout bagay

Si w toujou pa ka ekri powèm nan
Panche zòrèy ou koute l
Pa okipe w de mo yo
Fèmen de grenn je w
Chache mizik powèm nan, di l byen fò
Pa okipe w de paj la

Reekri l

E si w toujou pa ka ekri powèm sa a
Met kò w byen dousman
Respire
Kite powèm nan ekri tèt li
Enpi siyen non w anba l
Pa okipe w de paj la.

FORMULA FOR A POEM

If you can't write a poem
Write anyway
Pay no attention to your pen
Write the title
Read the title
Pay no attention to the page

Erase everything

If you still can't write it
Then listen to it
Don't worry about the words
Close your eyes
Find the tune, say it out loud
Pay no attention to the page

Write it all over

And if you still can't write that poem
Stay still
Breathe
Let it write itself
Then sign your name
Pay no attention to the page.

BAGAY LANNWIT

I

Zago fè yo kraze somèy lannwit
Menm chen pa t jape
Poudi papa m te kriye ?

II

Menm bagay la fèt ankò
Solèy la plonje dwat nan lanmè
Enpi yon lòt lannwit parèt.

NIGHTLY THINGS

I

They came late at night
Even the dogs didn't bark
Wonder if Dad cried?

II

It happens again
The sun falls into the sea
Another night comes.

KAY POWÈT LA

Nan kay powèt la
Li ekri bouke flè
L ekri lalin
L ekri dlo nan je
L ekri lespwa k ap tanpete
Li bwè konsyans li nan mizik mo yo
Li fè viwonn peyi lekzil li a
Li flannen nan tout riyèl yo
Ki chak lalin nouvèl
Kontinye efase ekzistans li.

THE HOUSE OF THE POET

In his house of poet
He writes flowers
He writes the moon
He writes tears
The revolt of hope
He gets drunk in the music of words
He reinvents his city of exile
Wanders its avenues
Which moon after moon
Continues absorbing his past.

CHANM TI BEBE A

Bèso a chita
L ap tann
ak tout sa k anldan l yo

Pakèt chosèt tout koulè
Premye ti soulye
Ki poko pile tè

Ti zorye zuit zuit
Nan ti sakzorye zuit zuit
Pakèt ti nounous an twal

Ki kanpe kou sòlda sou pòs
Enpitou nan yon ti kwen
Yon ti limyè mouri limen…

Poudi timoun nan ap vini ?

BABY'S ROOM

The cradle sits
Waiting with its
Inhabitants

Colored socks
White unused
First shoes

Tiny pillow
In teeny yellow case
Little bears

Standing like guards
And in a corner
Faded light

Will baby come home?

SINEMA

Vwala se te yon fwa
Nan yon savann san lavi
Yon bèl ti flè t ap pouse

Manmzèl pa t gen pèsonn, men
Li te chaje projè
Boubout li te pare vini

Se konsa yon jou sanzatann,
Yon kavalye peyi pèdi
Debake sou li…

Traka, Lapenn, Plezi

Pwen final.

THE MOVIE

Once upon a time,
Alone in the desert
Lived a beautiful flower

She was lonely, but
Had many dreams
Her lover had to come

Then one day
Came her way
A mysterious adventurer…

Conflicts, Pain, Joy

The end.

OCHAN POU PREMYE POWÈM NAN

Ayibobo
Pou plim osnon kreyon sa a
Ki te ekri premye mo a
Sou premye premye paj la - Ayibobo

Ayibobo
Pou premye mo a
Ki te louvri pòt
Bay yon jenn konsyans lapawòl - Ayibobo

Ayibobo
Pou paj sa a
Ki te sèl temwen
Lapawòl k ap tounen mo - Ayibobo

Ayibobo
Pou ti kay sa a
Arebò lari a
Kote premye powèm nan te fèt la - Ayibobo

Ayibobo
Pou Matant Hermance
Ki te chita tande tout
San jamè fèmen pòt - Ayibobo

Ayibobo
Pou peyi a
Ak tout syèl la
Tout lanmè a - Ayibobo

ODE TO THE FIRST POEM

For the pen or pencil
That scribbled the first word
On that very first page - Ayibobo

Ayibobo
For the first word
That opened the door
To give voice to a young mind - Ayibobo

Ayibobo
For that page
That witnessed thoughts
Turning into words - Ayibobo

Ayibobo
For that small house
On the side of the road
Birthplace of the first poem - Ayibobo

Ayibobo
Pou Matant Hermance
Who listened to them all
And never closed the door - Ayibobo

Ayibobo
For the land
For its sky
And its sea - Ayibobo

CHIMENKWAZE

Pou mizik
Pou koulè
Ak tout lòt bagay ki tounen mo - Ayibobo

Ayibobo
Pou Ton Roro
Pou Gary
Pou KP
Premye atizan mo m te kontre - Ayibobo

Ayibobo
Pou lobedyans atistik tout mo
Ak tout mèvèy yo
Ak tout moun ki renmen l yo - Ayibobo.

CROSSROADS

For the music
The colors
And all that turned into words - Ayibobo

Ayibobo
Pou Ton Roro
Pou Gary
Pou KP
The first word-Makers I met - Ayibobo

Ayibobo
For the Art of Words
And its wonders
And its lovers - Ayibobo.

M E N N E N   L   B A Y   S O L È Y

M te deja anfouraye
Nan bra lannwit
Ak tout kò m petri
Anba fatig jounen an

Trap trap ti dènye sa a
Rache m nan kabann mwen
Pou m mete l sou papye

Si w wè l gen tras tou fon lannwit
Ak sikatris jounen lesefrape
Tanpri mennen l bay solèy.

TAKE IT TO THE SUN

I was long gone
Into the arms of the night
My body weary
From the weight of the day

This one in haste
Pull me off the bed
To set it on the page

If it has the seals of dark nights
And carries scars of rough days
Simply take it to the sun.

DEBLOZAY NAN LESYÈL

Yèswa sanzatann
Nan mitan lannwit
Solèy la pran kouri.
Kè lalin kase
Li pati kat pye gaye dèyè l.
Zetwal yo k pran sant malè
Yo tout kraze rak.
Sikilasyon bloke
Aksidan tribòbabò.
Farinay zetwal, zenglen lalin ak solèy
Tounen boukan dife
Anlè a pran konsonmen.

Deblozay nan lesyèl

Lapli pou met lapè
Pran tonbe tout rakwen
Anba tivant latè kase.

DISASTER IN THE SKY

Late in the night
As heaven fell asleep,
The sun ran away.
The moon got scared
And quickly tagged along.
The stars sensing the danger
Got up too and ran.
Heavy traffic clogged up
Heaven's roads.
The sky was in flames with
Debris of moon, sun,
And flying stars.

Disaster in the sky.

The rain to settle the matter
Started pouring wildly
Earth shivered

FESTEN

Asyèt diri a
Griyen dan l sou mwen
Menmjan ak miray yo

Alòske m konnen gen anpil
Ki pa miyò pase m
Nan babako dòb ak roti

M ponyen malè mwen
Enpi m griyen dan m ba yo tou.

DINNER

My bowl of rice
Laughs at me
And the walls too

Yet I know of some
Who feel just like me
At a candlelight feast

I squeeze my pain
And laugh back.

ELÈV YO PÈDI NON YO

(Pou Jenny)

Yo te gen non yo ekri nan paspò yo lò yo te vini
Non yo te ekri ak lank nwa nan etikèt sou malèt yo
Non yo te nan liv yo te gen avèk yo
Yo te deja konn li ak eple non yo san pwoblèm
Profesè nan lekòl nèf yo a di non timoun yo twò di
Profesè nèf la ekri yon non tounèf pou chak elèv.

THE STUDENTS LOST THEIR NAMES
(For Jenny)

Their names were printed in their passport when they came
Their names were written in black pen on their luggage tags
They had them in the books they brought along
They already knew how to spell and write their names
The teacher in their new school said their names were hard
The new teacher wrote a new name for each of them.

ALA MALÈ
(Pou Ika)

Ala malè
Pou manman
K ap antere pitit !

Kisa m ye
Pou m ta di lavi
Sa pou l fè?

CONSTRAINT
(Pou Ika)

What a pity
For a mother
To bury her children

Who am I
To tell life
What to do ?

DOULÈ
(PouTatane)

Lapli ap tonbe nan kè m
Men li pa ka koule nan je m
Se zantray mwen k ap rache...

SORROW
(For Tatane)

It's raining in my heart
But my eyes show no sign of it
I feel it deep in my guts...

SE LAVI

Si manman pa t kase langajman an
Enpi lame a pa t kwape demand papa m nan
Si lapli pat sispann tonbe
Enpi pyebwa te kontinye pouse

Si solèy la pa t fè chimen kwochi
Enpitou te gen grenn semans pou lòt rekòt la
Si lè endiy la pa t rive twò vit
Enpi malèpandye pa t ret fè vye kwen

Si lavni m pa t kouri pran devan m
Pouse m tounen toudousman nan dènye ran
Pandan lavi a kanpe doubout
Pou asiste dènye kout klòch la

Lò nou tout fin pèdi pye
Pou menm pousyè nou pa rete. Se Lavi !

THAT'S LIFE

If mother had never left
And the army had refused father's quest
If the rain hadn't stopped falling
And the trees kept on growing

If the sun hadn't taken a short cut
And there were grains for the next crop
If the late hour didn't come so fast
And broken dreams didn't last

If my fate didn't rush to grow
Pushing me slowly to the back row
As time proudly waited
To witness the dreadful twist

When all of us fall off the track
And nothing remains. That's life!

E S I
(Pou Romnial)

E si nou te ka konnen
Kòmansman an ak lafen
E si lavi a te ka fè wout li
San l pa bay sipriz
E si patipri
Te sèlman yon pawòl nan bouch
E si bon ak move te reyèl
E si pote mas pa t nesesè
E si laverite te toutouni
E si lapawòl te san barikad
E si pouvwa te anyen sa
E si lamemwa te enpòtan
E si yon bon jou yon bagay nèf te parèt
E si ni mwen
E si ni ou
Ak tout lòt yo
Te ka konn
Koulè lotbò lavi
E si te gen yon repons
E si...

WHAT IF
(For Romnial)

What if we could know
The beginning and the end
What if life could go by
With no surprises
What if inequality
Were simply a myth
What if good and bad were real
What if there were no masks
What if the truth were naked
What if words had no boundaries
What if power were meaningless
What if memory were important
What if one day something were new
What if i
What if you
What if they
Could know
The other side
What if there were an answer
What if...

PA GADE SOU FIGI M

(Pou Lobo Dyabavadra)

Pa gade sou figi m
Pou di m ou wè fon kè m

M se yon moun konsa
Ki kase pari ak lavi
Men ki pa vle pèdi
Jwa pa m, tristès pa m
Pa gen paspò sou po figi m
Lò m pran kou m santi l
Lè m bay lavi yon chout
M fout santi l tou

M se yon moun konsa
Ki pa konn kilè m kòmanse
Nonplis tou sa mèt fini nenpòt kilè
Men, m vle sèten
M sansib
Sou sa mwen kwè
Sa mwen santi

M se yon moun konsa
Ki pa leve nan mo, sèten
Lò m rete m pèdi mo
Men tout fyèl mwen se ze mo
Pou lalin nouvèl
M se yon moun konsa

Pa gade sou figi m
Pou di m ou wè fon kè m...

DON'T LOOK INTO MY FACE
(Pou Lobo Dyabavadra)

Don't look into my face
To tell me you saw my heart

I am just as I am
In a bet with life
And I am not willing to lose
My joys, my sorrows
Do not own my face
I do feel it when I am hurt
And when I give a good kick to life
I also feel it

I am just as I am
No clue when it all began
It can also end as it pleases
But I want to be sure
I am sensitive
For what I believe
For what I feel

I am just as I am
I grew up far from words
Sometimes I lose them
But I am filled with embryo of words
For the new season
I am just as I am

Don't look into my face
To tell me you saw my heart...

Jean Dany Joachim   51

APREMIDI
(Pou Magalie Marcelin)

Se lèzapremidi m tris
Lò solèy la al kouche twò vit
Enpitou lalin nan ak zetwal yo
Mize pou parèt
Refleksyon m tounen yon tanpèt
Ki pa ka blayi
Tout sa m ka fè, se mouri poul mwen
Jouk demen rive...

AFTERNOON
(For Magalie Marcelin)

It is in the afternoon
That I feel sad,
When the sun departs too early
And the moon with the stars
Drag to arrive
My thoughts become a storm
Too heavy to flow
All I can do is to lay low
Until tomorrow arrives...

LANMÒ

Papiyon lanmò pa pè fredite
Papiyon lanmò pa bezwen
   kle pòt
Yon ti papiyon tou blan
Yon papiyon san koulè
Janbe lanmè, vole fwontyè
Vin poze sou zorye m
Pou ban m nouvèl ki tounen
   kè m

Kanmarad Lyonèl
Zanmi lekòl, bon jwè foutbòl
Bòs Pòl, Renòl, Lunie, Magarèt
Antenò, Foufoun
Pè Liron, papa Ika
Manmi Tata, Madan Pòl
Lobo Dyab Avadra, zanmi lari
   m, zanmi pwezi m
Matant Anèt, Gaston,
   JanDominik
Kasann, premye ti sè m, pitit Ika
Yon ti tèt fè mal papiyon an di
Lopital t ap fè grèv
Pa t gen konsiltasyon

Yon ti papiyon tou blan
Yon papiyon tout koulè
Yon papiyon lanmò ki poze sou
   zorye m
Lannwit mwen pran koulè
   lanmò
Yon lafanmi figi
Yon lafanmi lonbray
Yon lafanmi souvni
Tèt mwen tounen paradi
Kote tout sa k pati rete anvi

Papiyon lanmò pa pè fredite
Papiyon lanmò pa bezwen kle
   pòt
Yon ti papiyon tou blan
Yon papiyon san koulè
Yon papiyon lanmò
Ki kase kè m pou tout lavi.

DEATH

Butterflies of death do not fear
   the cold
Butterflies of death need no key
A small white butterfly
A colorless one
Travels the sea, crosses the
   borders
Comes to rest on my pillow
To bring me news of misfor-
   tune

My friend Lyonèl
A classmate; very good soccer
   player
Bòs Pòl, Renòl, Lunie, Magarèt
Antenò, Foufoun
Pè Liron, Ika's father
Manmi Tata, Madan Pòl
Lobo Dyab Avadra, my street
   friend, my friend from home
Matant Anèt, Gaston,
   JanDominik
Kasann, my first little sister,
   Ika's daughter
Just a small headache the
   butterfly said

The hospitals were on strike
There were no consultations

A small white butterfly
A butterfly of all colors
A butterfly of death that rests
   on my pillow
My night turns into the color
   of death
A family of faces
A family of shadows
A family of memories
My head is a paradise
Where rest all those that
   are gone

Butterflies of death do not fear
   the cold
Butterflies of death need no key
A small white butterfly
A colorless one
A butterfly of death
That breaks my heart for ever.

LANNWIT
(Pou Amy)

Lannwit pase l ale
Li sige pou pi devan
Ak tout makòn
Pwomès li yo

Kè m arimen
Ak yon foskouch grenn lespwa
Tankou zwezo k ap pwoteje
Pakèt ze fele
Nan van tanpèt fredite

M ret blayi de je kale
Tankou yon pil anyen
Nan kwen kot jounen an
Choute m jete.

NIGHT CARAVAN
(For Amy)

The night walked by
Pushing ahead
Its caravan
Of promises

My heart nurtured
This hopeless seed
Like birds cover
Their fragile eggs
In winter's wind

I'm left awake
Flattened as scrap
Where the day
Discarded me.

PAWÒL VAN

Pouse m van
Pouse m
Pa voye m jete
Tanpri
Pouse m pi pre

Pouse rèl mwen
Kot zorèy tande
Pouse m sou wout solèy
Pouse m ale
Men m ap pèdi pye

Pouse m van
Pa voye m jete
Tanpri
Pouse m met pi pre.

WIND TALK

Push me wind
Push me
Don't throw me away
Please
Take me closer

Take my screams
Where the ears can hear
Push me toward the sun
Push me away
I am losing balance

Push me wind
Don't throw me away
Please
Take me closer.

LAVI A BÈL
(Pou Nesrine)

Avèk tout lapenn ak tout kè kontan l yo
Avèk tout fanm ak gason l yo
Avèk tout peyi rich ak peyi pòv li yo
Tout pyebwa li yo ki mouri enpi ki repouse
Avèk sezon otòn li yo ki bay laplas pou tan fredi vini
Avèk tout rivyè l yo ak tout dezè yo
Avèk tout mèvèy li yo ak tout atis li yo
Tout katastwòf li yo ak bon samariten l yo
Avèk tout timoun li yo ki fèt nan renmen
Enpi granmoun yo ki pa fye pèsòn
Avèk zetwal li yo k ap briye k ap briye
Solèy la ki toujou retounen
Avèk jou l yo k ap pase ale
Enpi noumenm k ap sige ale tou
E malgre tou sa
Lavi a bèl !

LIFE IS GOOD
(For Nesrine)

With its sorrows and its joys
Its men and women
Its countries rich and poor
Its trees, which die and are reborn
Its autumns, which yield to its winters
With all its rivers and its deserts
With its wonders and all its artists
With its catastrophes and its Samaritans
With its children who are born loving
And its adults who mistrust
With its stars that shine and shine
Its sun that always returns
With its days that pass and pass
And we who pass as well
And with all that
Life is Good!

LAPENN
(Pou Essie)

Jodi a m santi m piti piti
Tou piti
Tankou yon tak dlo
K ap grennen nan je chagren

M pòtre yon ze fele
Sou yon tab panche
Tout jan m vire
Kontraryete fè m olèmen

M pa ka tann jounen sa a
Al fè wout li
Pou kè m bat yon lòt jan
Pou kannal lajwa m debòde
Neye tout jèm chagren m.

SADNESS
(For Essie)

Today I feel so small
Very small
Like a drop of tears
Rolling down a sad face

I am like a cracked egg
On a tilted table
Whatever I do
Troubles take over

I can't wait for this day
To move ahead
For my heart to start a new beat
And my river of joys overflow
To drown away all my sadness.

BWAT SEKRÈ

Yo di
M se yon ti fenèt
San kwòchèt
Nenpòt ti van
Tripote m

Yo di
M sanble yon
Lamayòt gratis
Tout je janbe lizyè m

Yo di
M se yon sèvolan san fil
Se nan kalòj zwezo m dòmi

Konnen yo pa konnen
M se yon bwat sekrè
Ak tout kle m
Konnen yo pa konnen…

SAFE-DEPOSIT BOX

They say
I am a frail window
Without a latch
Any small wind
Shuffles me around

They say
I look like
A cheap clown
Everybody laughs at me

They say
I am a stringless kite
I sleep in bird's nest

But they don't know
I am a safe-deposit box
With my own key
They just don't know...

SENKYÈM AVNI
(Pou Ika)

Nan pa pòt Senkyèm avni
Anba yon ponp gazolin 'Shell'
Si w pase ou wè
Yon fanm andezaj
Tèt grizonnen, bra pandye
Si w wè je l ap chache lwen lwen
Tankou l anvi wè kot lavi fini
Si w wè popyè l anvi fèmen
Pòtre solèy k al kouche anvan lè l
Si bouch li bat ou pa tande anyen
Si w ta wè l pati
San l pa konn ki bò l ap fè
Enpi si w tande l pouse yon rèl
Yon lòt rèl, ak yon lòt rèl ankò
Pa prese detounen je w
Piga w kouri rele moun fou...

Nan Senkyèm Avni Bòlòs
Nan yon ti kay ble, kat pyès
Lavi pase, li pa gad dèyè...

FIFTH AVENUE
(Pou Ika)

At the gate of 'Senkyèm Avni'
In a Shell gas station
If you notice on your way
An aging woman
With almost no hair left
If you see her wandering
And looking far, far away
As if she is trying to see the other side of life
If you see her eyes half-closed
Like the sun which sets too early
If her lips move and you don't hear anything
If you see her starting to run
Without knowing where to go
And if you hear her hollering
One time, another time, and another time
Don't rush to look away
Don't say too fast she's crazy...

On Fifth Avenue
In a small blue four-room house
Life went away and never looked back...

BÈF KABWA
(Pou Atibon)

Fanm nan leve depimmaten
Li pa met pwa sou dife
Depim maten fanm nan leve
Li boude tankou lèt k ap monte
Fanm nan leve depimmaten
Li pa menm fè kafe
Depim maten fanm nan leve
Li rete bouch be…
Pou di se bouke, l ta bouke ?

BÈF KABWA
(For Atibon)

The woman had been up all morning
She did not start cooking the beans
She had been up all morning
And she looked as serious as boiling milk
The woman had been up all morning
She didn't even make coffee
She had been up all morning
And didn't speak one word...
Could it be that she is tired?

RANDEVOU

Mwen pa t di mwen renmen w
Se yon pretèks pou m te ka reve
Pèdi tèt mwen nan labirent sa a
Kote ou deja ap tann mwen
Kote mwen pral kontre avè w.

RENDEZVOUS

I did not say I love you
Pretext for dreaming
Wandering in this labyrinth
Where you will wait for me
Where i will find you.

YON LÈT DAMOU

Yon lèt damou
San pwoteksyon
San parapli

Yon lèt damou
Ki ekri nan lèt non w
Yon lèt twa mo

Twa mo san fè bri
Twa mo nan zòrèy
Pou di w: mwen renmen w

Yon lèt damou koulè solèy
Anvan jou fin leve
Yon lèt lespwa

Yon lèt damou k leve m nan dòmi
Pou medite sou non w
Yon lèt rèv

Yon lèt damou pou demen
Lè men nou fin kontre
Yon lèt fetans

Yon lèt damou
Kote m rann tèt mwen
Pou yon lavi lanmou.

A LOVE LETTER

A love letter
Unprotected
Without an umbrella

A love letter
In the letters of your name
A letter of three words

Three words of silence
Three words in the ear
To tell you: I love you

A love letter with the colors of the sun
Before sunrise
A letter of hope

A love letter that wakes me at night
To meditate on your name
A letter of dream

A love letter for tomorrow
After our hands meet
A letter of celebration

A love letter
In which I surrender
For a life of love.

VIZIT

M te pase wè w
Ou pa t la
M wè flè yo k ap ouvè pòpyè yo
M wè lespwa k ap kabicha sou zòrye a
M ap tounen ankò.

VISIT

I came to visit
You weren't there
I saw the flowers waking up
And hope resting on the pillow
I will come back.

T I M I D I T E

Gade jan ou bèl atò a
Depi m gade w
Kè m bat.

M sispèk ou konnen wi !

Ala kontan m ta kontan
Si on jou ou ta di m
Oumenm tou kè w bat pou mwen.

Pou di m ta gen tout chans sa a ?

Yèswa tout lannwit mwen
Se yon laviwonn
Ou te yon ti flè solèy
Mwenmenm yon papiyon
M kouri monte m kouri desann
M poze tou dousman
M kouri monte m kouri desann ankò
M poze pi dousman ankò.

M ta repoze pou toutan nan ti flè sa a.

Gade jan ou bèl atò
Se mechanste wi ou ap fè
M sispèk m pap ka kenbe ankò non
Yon jou san fè bri
M ap di ou tout sa m santi.

Gade jan ou bèl atò a.

TIMIDITY

Oh, you're so beautiful
My heart beats
At your sight.

I guess you already know!

I'd be happy
If one day you told me
Your heart beats for me.

Would I be that lucky?

All my night was back-and-forth
You were a sun flower
Me a butterfly
I ran up and down
I landed gently
I ran up and down again
And landed more gently

I would rest a lifetime in this flower

Oh, you're so beautiful
You're troubling me
I am just losing it
One day, quietly
I will tell you all that I feel.

Oh, you're so beautiful.

EKSPLIKASYON

Rete m rete
M wè m fou pou ou
Tanpri pa mande m pouki
M pa konnen

Rete m rete
Mwen wè m fou pou ou
Tanpri pa mande m pouki
Mwenmenm tou m pa konnen

EXPLANATION

It just happen
I love you
Please don't ask me why
I don't know

It just happen
I love you
Please don't ask me why
I don't know either

CHAPIT LANMOU
(Pou Marcia)

Chapit lanmou an
Se pou pita
Sa ka pran tan.

Ak bon kou diven
Pou fè l koule
N a rive konnen.

Si n dwe kanpe
Si pou n kouri
Osnon kannale pi devan.

THE LOVE CHAPTER
(For Marcia)

The love chapter
Is for later
It might take time.

With some good wine
To let it flow
We sure will know.

Whether to stop
Perhaps to run
Or carry on.

SOLITID
(Pou Alan)

Yèswa ankò
Solitid debake
Manmzèl kache dlo je l
Men m wè kanmenm.

Li pase tout nwit lan
M pa janm rive dòmi.

Manmzèl gade, li gade
San di yon mo.
Siman li dwe kwè
M bèbè.

SOLITUDE
(For Alan)

Last night again
Solitude came
She hid her tears
But I still saw.

She stayed all night
I couldn't sleep.

She stared and stared
And wouldn't speak.
Perhaps she thought
I am mute.

KESYON

Ou frape pòt la
M ouvè, m kite w antre
Mwen lage kò m tou dous
Pouki kè m bade ak chagren ?

QUESTION

You knocked
I opened the door
Let myself be tamed
Why is my heart filled with sorrow?

KONFESYON

M retounen
Nan legliz nou an
Ou pa t la

M pa t ka kenbe
Sekrè nou an
Mwen di pè a

Manmzèl souri.

CONFESSION

I went back
To our church
You were not there

I couldn't keep
Our secret
I told the priest

She smiled.

ANVI

M anvi file w
Pou toutan
M anvi renmen w·
Jouk ou renmen m

M anvi pati avè w
Nan yon lòt lavi
M anvi senyen w
M ta bwè tout dlo w

M anvi gade w nan je
Jouk m wè kè w
M anvi wè w k ap dòmi
M anvi tande w k ap ri

M anvi kite w mòde m
Nan tout kò m
M anvi ou tounen lavyèj
K ap pise lapli sou tèt mwen.

DESIRE

I want to court you
For ever
I want to love you
Until you love me too

I want to run away with you
To another life
I want to bleed you
Drink all your water

I want to look into your eyes
Until you see my heart
I want to watch you sleep
I want to listen to your laughter

I want to let you bite me
All over
I want you to become the Virgin Mary
Spraying rain over my head.

RIVYÈ A NONMEN NON W

Jouk jounen jodi, malgre tanpèt sou
Tanpèt fin kouvri tout tras ou kite dèyè
Malgre vil la limenm
Anfouraye nan pwòp lobedyans li
Fin pa bliye tout tan ou te pase a
E malgre gwozouzoun akademya yo
Refize pibliye sa w ekri
Men rivyè a tennfas, san rete
Sezon apre sezon kontinye ap
Nonmen non w nan souf li
Negrita, Negrita...

THE RIVER CALLS YOUR NAME

Even now, after storms, after
Storms have covered the path,
Even that the city itself
Drowned in its exuberance
Has forgotten your stay,
And even that the academia
Would not print your page,
But the river, over and over,
Spring after spring, keeps on
Whispering your name
Negrita, Negrita…

TIPA TIPA
(Yon ti tèks o premye degre pou yon ti fanm sansenkant degre)

Lanmou trase kannal
Kannal ki mennen nan kè
Kè pran chimen paradi
Nan paradi lanmou fleri pou lavi...

Tipa tipa

STEP BY STEP
(A very simple text for a little woman one hundred fifty degrees)

Love shapes its canal
Its way to the heart
And the heart seeks paradise
Where it blossoms all seasons...

Step by step

IMIGRAN

M se pitit lanmè
M se pitit chan kann
M se pitit pwezi
Mwen soti nan trip lajwa
M se pawòl san chapo
M se granlakou m pa gen lizyè
M se lespwa k anba lonbray
M se tanpèt lapli
M se sa ou wè a
M se kounye a
M pap fè yon pa kita
Yon pa nago.

IMMIGRANT

I am from the ocean
I am from sugar cane
I am from writing poetry
I am from happiness
I am words with no curves
I am the mainland with no boundaries
I am hope tainted with shadow
I am heavy rain
I am here
I am now
I am staying.

DEMOKRASI

Se bon pawòl wi
Veye zo w ak demokrasi tande
Yo di se yon plant ki dwòl
Li voye pye l jan l vle
Si w pran simen grenn li
Toupatou nan jaden ak teritwa
Depase lizyè w
Li ka pran pyafe poukont li
Detire bra l byen long
Tankou zèl gwo zwazo,
Enpi fofile rasin li anba tè
Janbe pakèt rivyè ak lanmè
Al leve jouk nan ziltik
Pou fè zanmitay ak lòt kalite moun
Ki gen pwòp grenn pa yo
Gen defwa tou li donnen lòt plant
Ki bay lòt kalite grenn pou simaye
Veye zo w ak demokrasi tande
Bon pawòl !

DEMOCRACY

This is true
Beware of democracy
I heard it's a strange fruit
Which does as it pleases.
When you smuggle its seeds
To lands and territories
Beyond your borders,
It might start spreading on its own
Stretching its arms
Like wings of wild birds, and
Extending its roots underground
To cross rivers and oceans,
And reach faraway places
To mingle with other folks
Who have seeds on their own
Sometimes, it might give life to new plants
With different kind of spreading seeds
Beware of democracy
True!

KOUVREFE

Gagòt la kòmanse
Jou a potko leve,
Vil mwen an endispoze.

Machin malè an chalkali,
Fè dappiyanp sou wout yo,
Wòch yo pran ouke,
Enpitou
Tout kay,
Kabann,
Fenèt
Tab
Pran lafyèv frison.

Yo fennen-fennen.

Lannwit tounen ankò.

Respirasyon vil la koupe.

CURFEW

Before dawn
The carnage started,
My city fainted.
Heavy machines sneaked in
And seized the roads,
The stones howled,
And
The houses,
The beds,
The windows,
The tables,
Shivered-shivered,
And shrank-shrank,
And dark came again.
The air stopped breathing.

RI SENMATEN

Mwen sonje ou anpil ri senmaten
Yuitè dimaten
Yon kòk chante
Anba yon vye tab panche
Posesyon an kòmanse
Rigòl dlo sal
Mouch
Moun
Yon reyon solèy inosan
Ap fè lagè ak pil fatra
Machann pate a pa pase
Rate farin se sa yo di
Machann dlo a poko pase
Li voye nouvèl
Ri senmaten kè kase
De timoun lespwa
Ap tann pen ak kafe

Ri senmaten
Èske se vre
Ou fèt pou sa a ?

CROSSROADS

SAINT MARTIN STREET

I remember you Saint Martin Street
Eight o'clock in the morning
A cock crowed
Under a tilted table
The procession began
Filthy water
Flies
People
An innocent sunbeam
Tried to fight garbage
The pie vendor did not pass
Flour shortage they said
The water vendor didn't come yet
She sent messages
Saint Martin Street got scared
Two hopeful children
Waited for bread and coffee

Saint Martin street
Is it true
You must be this?

PÈD LAMEMWA

M pa ka sonje apremidi sa a
Lò lamayòt yo
Te fè kadejak sou vil la
Opalè lanmò yo pa t anonse
Nouvèl makab sa a

M pa sonje ki wout
Zetwal nan syèl yo te pran
Pou evite krabinay la

Jouk jounen jodi m ap pantan lannwit
Ak rèl timoun nan tèt mwen
Wouk chen y ap detripe
Plent fanm vyèj y ap pilonnen...

LOST MEMORY

I do not recall that evening
When disguised storms
Besieged my city
The loudspeakers did not
Announce this sinister order

I do not remember
Which way went the stars
To escape the mutiny

I still wake up at night
With the cries of children
Howling of mutilated dogs
Sobbing of trampled virgins...

MALÈPANDYE

Bonjan laverite
M pran sant li jouk isit nan Boston
Yon kokenn chodyè malè k ap konsonmen
Yon lanmè tèt chaje k ap gonfle
Malèpandye a monte chak maten lò solèy leve
Li nan lè a, li nan lapli lò lapli tonbe
Li nan vwa Ika
Lè li rele m chak dimanch maten
Li fè pil sou pil nan tout kwen vil la

Chodyè malè a pa gen ni yanm ni bannann
Li pa gen patat ni manyòk
Li pa gen pyès epis lakay
Pa yon gous lay, pwenn pimanbouk
Li chaje ak rayisman ak anvi
Ak vye anbisyon
Panzou ak trayizon
Li gen yon sant zèsèl ki plen magouy
Li anba nen ak je tout moun san yo pa wè l
Li fofile nan tout kay, nan lekòl
Nan mache, nan legliz, toupatou
Li bride tanbou, li met tout kadans sou kòd
Li bay mizik nou an lasini

M pran sant plat malè sa a
Jouk nan kabann mwen nan Kanmbridj
Li bloke kannal rèv mwen
Fè m ap swe nan dòmi
Se yon malèpandye ka p plonje
Pou plati peyi a pou toutan.

TILTED DISASTER

This is true
I can smell it even here in Boston
A giant pot of trouble boiling
A sea of disaster awaking
It rises every day with the sun
It is in the air and the rain
It's in my mother's voice
Whenever she calls on Sunday morning
It 's piling up in the streets of my city

This cooking pot has neither yam nor plantain
It has no potato, no yucca
It has none of our spices
No garlic, no pimanbouk
It is full of hatred and greed
Blind ambitions
Malice and betrayal
Its rotten smell is madly clever
It lives invisible in people's eyes and nostrils,
And sneaks in schools, houses,
Open markets, and churches
It silences our drums, cripples the rhythms,
And poisons our music

I can smell that bloody dish
From my bed in Cambridge
It clogs up my dream
Makes me sweat in my sleep
It's a tilted disaster on its way
To crush the country for good.

Jean Dany Joachim   105

TÈ A

Ti gout pa ti gout
Wondèl dlo je
Chape desann sou po figi l
Glise atè

Ti tak pa ti tak
Tè a vale
Tout chagren l

EARTH

Drop by drop
Pearls of tears...
Roll down her cheeks
To the ground

Sip by sip
The dirt swallows
Her sorrow

CHIMENKWAZE

APRE DISKOU ILTIMATÒM KARAN-
TYUITÈ G. W. BUSH
PREZIDAN ETAZINI AN, ANVAN
ENVAZYON NAN PEYI IRAK LA

Lè premye bal la fin pati aswè a
M ap tou met chapo ba

Lè yo fin lage premye mas BONM yo an
M pap menm tande bri l

Lò timoun yo pran rele, enpitou
Tout manman yo kanpe ap kriye

Lò peyi yo a pran latranblad nan fènwa, enpi
Menm chen nan savann yo vin fou

Pandan lidè nou yo tounen mèt siprèm
Enpi sòlda nou yo chèf krabinè

M pral kanpe la a, kale nawè m nan syèl la
Pou m jwenn nan ki kwen letènèl kache – M ta swete l ap gade !

CROSSROADS

AFTER THE 48 HOURS ULTIMATUM
SPEECH BEFORE THE INVASION OF
IRAQ, BY G. W. BUSH, PRESIDENT
OF THE UNITED STATES

When the first bullet is shot tonight,
I will rest my case

When the first ton of BOMBS is dropped,
I won't hear the noise

When their children start crying, and
The mothers stand weeping

When their country trembles in the dark, and
Their dogs turn mad

While our leaders rise up to gods, and
Our soldiers to glorious barbarians

Here, I will stand searching for that little spot on the sky
Where God might be – Let's hope that He is watching!

"L A V I W O N N" E K S T R È

Enpitou san rezon
Yo te pran goumen
Youn ap koupe kou lòt
Ratibwaze tout pyebwa
Chaje tout rivyè yo
Ak kadav
San rezon

Yo bliye
Solèy la ki t ap gade
Yo bliye van an ki t ap vante
Yo pa t bay lanmè bò
Yo pa t kite lannwit dòmi

Jis poutèt sa
Solèy la refize seche san yo
Van refize trennen rèl yo
Lanmè a refize lave konsyans yo
Jis poutèt sa,
Lannwit kouvri tout zetwal.

FROM "THE WALK"

Then for no reason
They started to fight
Cutting each other's throats
They cut down the trees
Stacked up the rivers
With their dead
For no reason

They forgot that
The sun was watching and
The wind was blowing
They didn't look at the ocean
They didn't allow the night to sleep

For that alone
The sun refused to dry their blood
The wind refused to carry their cries
The ocean refused to wash their souls
For that alone
The night covered the stars.

JENERAL SOLÈY

Solèy la chita
Sou tèt peyi a
San di yon mo
Li tande tout retay sekrè
L ap gade tout fo kout zo

Pasan pa Kavayon
Jouk Mache Tèt Bèf
Solèy la bay
San patipri
Li klere chato lajan
Li chofe tonèl dezespwa

Solèy la chita
Sou tèt peyi a
San di yon mo.

GENERAL SUN

The sun sits
Above the country
Without a word
Listening to every secret
And watching all tricks

From Kavayon
To Mache Tèt Bèf
The sun gives
Without prejudice
It lights up rich castles
It warms up desperate dumps

The sun sits
Above the country
Without a word.

TESTAMAN

Pouki moun pase mizè ?
Pouki tout moun pa egalego ?
M pap janm sispann mande pouki.

TESTAMENT

Why people suffer?
Why aren't they equal?
I will never stop asking.

APOKALIPS
(Pou Lasirèn)

Solèy la leve
Peyi a ret kouche
Nanm ap dòmi kanpe
Rèl antòtye nan gòzye
Rèv kaye sou zòrye
Souf lavi prale
Si gen yon espwa
Li kole nan pasay
Yon jou ki pa pre rive.

APOCALYPSE
(For Lasirèn)

The sun rises up
The country stays down
Souls are sleepwalking
Screams caught on the throats
Coagulated dreams left on pillows
Life is suffocating
If hope is still alive
It is caught on traffic
A day so far away.

Fil zariyen
(Pou KP)

Fil zariyen
Fil zariyen
Fil zariyen

Fil zariyen bade lakou lakay
Menm pousyè pran nan pyèj
Se kòmsi se lavi k ap fini
Enpitou solèy poko menm leve

Men si fil zariyen te fèt an fè
Ala kase kè m ta kase

Jou a la
Jou a la
Jou a la.

SPIDER WEB
(For KP)

Spider web
Spider web
Spider web

Spider web is everywhere
Even dust gets trapped
As though life is dying
While the sun is not even up yet

What if spider web was made of steel
How scared I would be

The day will come
The day will come
The day will come.

DÈNYE POWÈM

Dènye powèm mwen an pap fè lagè a sispann
Men jounen an zepole fizi l, enpi
L mete mas krabinay li nan figi l

Lannwit deja simaye pèlen toupatou
Vil mwen an ki tou andèy
Ap kriye pou pwochen viktim yo
Lavalas san an pral koule ankò

Powèm mwen sa a, ki ak de men l, de pye l
Pral bezwen mo an asye pou jou k ap vini yo
Siman, se nan lalin l al kraze rak...

LAST POEM

My last poem will not stop the war
I saw the day taking its rifle and
Put on the mask of horror

The night had already set traps everywhere
My city still in mourning
Weeps for the future victims
Once more blood will flow

My poem, which goes without shields
Will need iron words for its tomorrows
Perhaps it will take refuge in the moon...

M BOUKE FATIGE

Chak semèn kòmanse
Ak jou yo k ap file
Youn apre lòt
Plis chak lè yo k ap sige
Dèyè segonn
Ak minit yo
Kou chen fou
Sou kous tan an
Pou ratresi
Chak lannwit ak lajounen
Epi fè lavi a tounen
Yon ti briz k ap pase,
Ti espas traptrap sa a
Kote nou eseye
Epi n eseye pi rèd
Jouk pou n ka ekziste.

I AM TIRED OF BEING TIRED

Each week starts
with the days passing
one after another
and each hour following
the seconds,
and the minutes
racing frantically
on the circuit of time
to shorten the lifespan of
each night and day
and make life become
a passing breeze,
this unnoticeable
fleeting moment
where we try
and try so hard
simply to be.

CROSSROADS

CHIMENKWAZE

ACKNOWLEDGEMENTS

I have been scribbling words on paper since I was a youngster. So many people have helped me along the way. For that, I am very thankful. I do not possess enough words to thank you all. Please do accept this sincere collective "Thank You" with all my heart. Thanks a lot.

Jean Dany Joachim

REMÈSIMAN

Depi m tikatkat m ap grifonnen lapawòl sou fèy papye. Mwen jwenn sipò anpil moun nan pelerinaj sa a. Mwen pa gen ase mo pou m ta di nou tout mèsi. M mande nou tanpri, asepte moso "Mèsi" an gwoup sa a, mwen ba nou ak tout kè m. Mèsi anpil.

Jean Dany Joachim

CROSSROADS

CHIMENKWAZE

ABOUT THE AUTHOR

Poet Populist of Cambridge Massachusetts, 2009-2011. Jean-Dany Joachim writes poetry, short stories and recently completed a play "Your Voice Poet" (2010). He has directed the Sunset Poetry Series at Bunker Hill Community College for over ten years and, since 2001, is the director of City Night Readings, a series featuring diverse poetic talents, writers and artists. His work has been published in numerous international and national anthologies and magazines.

KONSÈNAN OTÈ A

Jean Dany Joachim, powèt loreya vil Kanbridj Masachousèt, 2009-2011. Misye ekri pwezi, istwa, e li ekri yon pyès teyat nan lane 2010 ri rele (Vwa Ou, Powèt). Misye te cowòdone *Sunset Poetry Series* nan Bunker Hill Community College pandan plis ke dizan. Depi lane 2001 l ap dirije *City Night Readings Series* ki envite divès talan: powèt, ekriven ak atis. Jean Dany pibliye nan anpil antoloji ak magazin nasyonal ak entènasyonal.

CROSSROADS

CHIMENKWAZE

This book is set in the Garamond typeface.
Garamond is based on letterforms designed by
Claude Garamond (c. 1480–1561)

Liv sa a reyalize nan karaktè prent Garamond.
Garamond baze sou modèl prent
Claude Garamond te envante (c. 1480-1561).

.

.

Cover Design/Konsepsyon Kouvèti a: Ingrid Nelson

Book Design & Art Direction/ Konsepsyon Liv la & Direksyon Atistik:
Courtney McGlynn Design

Cover Photographs/Foto Kouvèti a: ©2004 FreePhotosBank.com
Author Photograph/Foto otè a: Michèle Voltaire Marcelin

Made in the USA
Middletown, DE
04 September 2021